給小學生的

漫畫心理學

原來學習並不難

簡簡周　著　機機先生　繪

U0108459

新雅文化事業有限公司

www.sunya.com.hk

哥哥文樂

小學四年級男生。他是一個有點粗心和衝動，常常讓老師頭痛的搗蛋鬼。但他也是一個溫柔善良、有責任心的好哥哥、好同學。

妹妹文心

小學一年級女生。她是一個會鬧脾氣、有點輸不起的小女孩。但機靈乖巧、對人熱心的她，同時是爸媽的貼心小天使、班上的人氣王。

「天使」小白

小白可能是我們的一些想法、念頭，也可能是一些情緒、感受，還可能是一股幹勁。小白總是用正能量支持着我們。

「惡魔」小黑

小黑雖然代表着悲觀、沮喪等負面的想法、念頭，但這位「惡魔」很真實，反映一部分每個人都無法否認的自我。小黑和小白總是形影不離，但卻水火不容。

目錄

就是不想
做功課

就是不想做功課

上課要專心！

上課不許和同學說話。

課間不許互相追逐，不能大聲說話。

很累啊……很想回家……

叮噹

耶——放學啦，我自由了！

啦啦啦——

8

我贏了!

還是先玩一會兒吧,就只玩五分鐘……

很多個五分鐘過去了……

今天的題目一道比一道難……

在學校裏遵守了一天的規矩、上了一整天的課，回到家就想好好放鬆一下繃緊的神經。可是，回到家裏也不能完全放鬆，因為還有功課在等着你，好苦惱啊！你也有和文樂類似的經歷和想法嗎？你是不是也經常在玩耍和做功課之間搖擺不定？

1 不用太緊張，先給自己充滿電。

一整天的學習，已經讓你消耗了很多能量，再加上從學校回到家裏，時間和空間都發生了變化，也需要一點時間去過渡和適應，所以，這個時候回到家的你，就像一個電量不足的機械人。

因為電量不足，原本數量並不多的功課，看起來都像一座小山那麼高了，感覺翻過去很費勁，害得你真的有點不想面對。這不是你的錯，每個孩子都有電量不足的時候——噢，對了，大人也有啊。

所以，這時候你就需要充電了。

小孩子最好的充電方式之一，就是讓身體動起來，玩十分鐘追逐遊戲，或是跑跑跳跳、哈哈大笑，這些都能幫助你釋放緊張和壓力，讓你的身體和大腦變得輕鬆起來。

把緊張和壓力排出去，能量才能注進身體裏。充滿電的你會更有力量和信心去面對功課，所以當你坐回書桌前，你會發現功課並沒有想像中那麼難。

2 學會計劃，玩耍學習兩不誤。

其實充電的過程，就是放鬆的過程，重要的是學會控制好時間。如果擔心玩得太放縱，耽誤做功課，你可以提前計劃，分配時間。例如，回到家之後，先給自己二十分鐘的充電時間，然後再開始做功課，並且設好鬧鐘提醒自己。

3 解決難題有辦法，積極求助別害怕。

要是你明明已經幫自己充滿了電，卻還是發現功課很難，自己不會做，那就代表這個知識點你還沒掌握。沒關係，那就再認真複習一遍老師課上教授的內容。如果複習也不能解決問題，那就趕緊向父母、老師或同學求助吧。別害怕被拒絕或被批評，相信你身邊的人都會願意幫你解決難題的。

如果你覺得完成功課是一項挑戰，而且面對這項挑戰時，你感到緊張、有壓力，那麼在開始做功課前，可以試試「大象呼吸」這個遊戲，這或許能幫你卸下包袱，打起精神來。

大象呼吸

① 兩隻手十指緊扣，向前伸長手臂，假裝手臂是大象的長鼻子。

② 慢慢地挺直腰背，將「大象鼻子」向上高舉的同時，緩緩吸氣，慢慢仰頭，讓臉朝向天空。

③ 接着再慢慢彎下腰，讓「大象鼻子」緩緩伸向地面的同時，吐氣並顫動嘴唇，就像大象用象鼻子噴水一樣。

④ 重複以上動作三次。

小貼士 你還可以按照自己的想法，讓這個遊戲變得更有趣。例如，假裝用「大象鼻子」發出噴水的聲音，越搞笑、越好玩，你會越放鬆。

請你把玩這個遊戲的感受記錄下來，看遊戲前後做功課給你帶來的壓力值分別是多少。在下圖中用塗色的方式打分，0 是完全無壓力，10 是最強壓力。

玩之前： 0 1 2 3 4 5 6 7 8 9 10

玩之後： 0 1 2 3 4 5 6 7 8 9 10

想一想，還有什麼好辦法

哪次做功課的經歷，讓你感覺最輕鬆、最容易？

你是怎樣做到的？

哪些經驗是你以後做功課也可以用得上的？

問題不是只有一種解決方法，或許你還可以找到更多適合自己的好辦法來卸下包袱，重新打起精神，嘗試把它們寫下來。

考不上第一

不開心

考不上第一不開心

哇，我考到一百分，是全班最高呢！

有什麼了不起的！要不是粗心看錯了題目，我也能得一百分。

我上次也是考一百分啊。

哼……有什麼了不起的！

下次我也可以！

要是考試分數不符合自己的預期，孩子往往會覺得失望、難過、沮喪、擔心等，就跟故事中的文心一樣。

你呢？沒考上第一名或是考試的分數沒有達到自己的預期時，是不是也會覺得很沮喪？

① 摘掉困擾你的「金剛圈」。

你有想過自己為什麼會不開心嗎？其實，只是因為你很想學好，想證明自己的能力，但又總是擔心：擔心自己做不好、考不好會被爸爸媽媽批評，擔心他們會對自己失望，甚至擔心他們會更喜歡比自己考得好的兄弟姊妹……

想得越多，學習的時候，腦子裏的天使和惡魔越會跑出來吵架，把大腦裏原本裝的那些知識都趕走了。

很多時候，你沒有考好，不是因為你學得不好，而是那些緊張、擔憂、挫敗的感受，一直在不停地干擾你。它們就像孫悟空頭上戴的「金剛圈」，時時刻刻束縛着你，讓你不能放鬆、專注地去學習。

2 名次不重要，掌握知識才重要。

　　其實，考試只是為了幫你發現，自己哪些知識學會了，哪些知識還需要多練習、多鞏固。沒考一百分可以讓你找到自己的不足，及時查漏補缺，把知識掌握得更穩固，這可比考第一名重要多了。

　　而且你要記住，無論考得好還是不好，你都是一個可愛的、值得被愛的好孩子。

　　所以，趕快把腦袋裏那些干擾你的念頭和感受，像倒水一樣倒掉，把空間留給知識吧。

無論大人還是孩子，每個人都有煩惱或是擔心的事。如果沒考好這件事，或者由沒考好引發的其他事，給你帶來了煩惱和擔憂，可以試着把這些煩惱和擔憂寫在小紙條上，然後把它們「關」起來。

煩惱盒子

① 找一個有蓋的盒子或瓶子。

② 用剪刀把色紙或白紙剪成小紙條。

③ 把自己的煩惱和擔憂寫在紙條上，然後把它揉作一團，丟進盒子或瓶子裏。

④ 關上蓋子，把煩惱和擔憂都「關」起來。

小貼士

每個人都有自己的煩惱和擔憂，大人也不例外。你還可以製作一個「家庭煩惱盒子」，邀請爸爸媽媽把他們的煩惱和擔憂寫下，然後一起丟進這個盒子裏。

請給你自己做的「煩惱盒子」拍照，並把照片貼在下面的方框裏，或是把它畫下來。

想一想，還有什麼好辦法

哪一次考試的成績讓你最滿意？仔細回憶一下，當時你是怎樣做到的？

除了考到好成績，你還做過哪些事情讓你覺得很滿意？

問題不是只有一種解決方法，或許你還可以找到更多適合自己的好辦法，嘗試把它們寫下來。

寫字

太難了

寫字太難了

一年級A班

今天的功課是把每個生字抄寫五遍。要寫得端正啊！

怎麼這麼難寫啊……

26

27

29

我看看……

嗯，每個字都寫在格子裏了，這個字……那個字……還有這個，筆畫都寫得很筆直啊！

好像也沒那麼難……

一會兒就寫完了。

我就說沒有想像中難吧！

小時候，看見大人們拿着筆，在紙上唰唰幾下，就寫出一串漢字，會覺得大人們好厲害，還會忍不住拿一支筆，假裝自己會寫字，在紙上胡亂地畫，「寫」得可認真了。

你是不是也玩過「假裝寫字」的遊戲？現在，已經開始學寫字的你，會不會也像文心那樣，認為漢字太難寫，擔心自己寫不好？

1 漢字雖然不簡單，要寫好也未必那麼難。

對於大部分剛開始學寫字的孩子來說，漢字真的不簡單，哪怕就像「一」、「二」、「三」這樣筆畫很少的字，要寫好也不容易呢。

有時你越是想寫好，越是不敢輕易下筆。這個時候，寫字就像要翻一座看起來很難翻越的高山，你很想去試試，又總是擔心、猶豫。

寫漢字其實也沒那麼難，你會覺得自己寫得不好，只是因為你的緊張、擔心、顧慮……像一個放大鏡一樣，把寫字的難度放大了。

2 扔掉「放大鏡」，勇敢試一試。

這時候你可以試試下面的方法：

- 深呼吸，先讓自己平靜下來。
- 拿出一張紙，寫下或者畫出你的感受，然後把這張紙揉成一團並扔進垃圾桶裏。

扔掉那些被「放大鏡」放大的感受之後，你會發現寫字這件事，好像沒有想像中那麼難了，試一試，也是可以寫好的。

當然，也許讓你覺得很難的，不是寫漢字，而是寫數學算式、背英語單詞，又或是彈鋼琴、練習跳舞、踢足球等，不管難倒你的是什麼，請記得行動之前，先扔掉你的「放大鏡」。

告訴你一個秘密，當你遇到覺得很困難的挑戰時，你的身體裏其實隱藏着能夠戰勝這個挑戰的魔力。為了讓神奇的力量顯現，你需要製作一瓶專屬自己的「魔法藥水」。

魔法藥水

① 在你最喜歡的杯子裏，倒進一些飲用水。

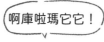

啊庫啦瑪它它！

③ 把裝了水的杯子放在製作完成的「魔法藥方」上，並默念一句你自創的「魔法咒語」。

② 拿一張白紙製作「魔法藥方」，寫上（也可用圖畫來表達）你面對挑戰所需要的東西，例如平靜、放鬆、超人的力量、愛因斯坦的智慧……

④ 喝下你製作好的「魔法藥水」，感受一下自己是不是變得有點不同了。然後在「魔法藥方」的背面，畫出戰勝挑戰後的自己。

小貼士

你可以在「魔法藥水」裏添點「料」——蜂蜜或是果汁；你還可以一邊想像自己戰勝挑戰的模樣，一邊製作「魔法藥水」。

請你把玩這個遊戲的感受記錄下來。評估一下：擋在你面前的這個挑戰有多難？在下圖中用塗色的方式打分，0 是完全不難，10 代表最難。

玩之前： 😃 0 1 2 3 4 5 6 7 8 9 10 🙁

玩之後： 😃 0 1 2 3 4 5 6 7 8 9 10 🙁

想一想，還有什麼好辦法

你有過哪些戰勝挑戰的經歷？

成功之後，你覺得這個挑戰有你最初想像中的那麼難嗎？

下次再遇到覺得很難的挑戰，你會怎麼做呢？

問題不是只有一種解決方法，或許你還可以找到更多適合自己的好辦法，嘗試把它們寫下來。

不喜歡老師，不想聽課

不喜歡老師，**不想聽課**

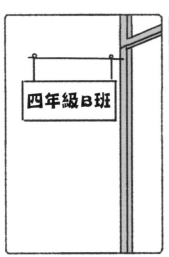

C

A

B 三角形的特性

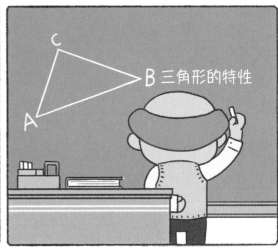

同學們，三角形具有穩定性，是由同一平面內……

穩定性

三菜膠

時間倒轉回一周前

怎麼又錯了？

這麼簡單的題目，說多少遍了？你還不會做！

39

很多孩子都會因為喜歡某個老師，所以特別喜歡這個老師教的科目；也會因為不喜歡某個老師，就特別討厭這個老師教的科目。這很正常，就是所謂「愛屋及烏」呢！我們喜歡某個人，就會連帶着喜歡跟他相關的人或事；不喜歡也一樣。

你是不是也有不喜歡的老師和討厭的科目呢？

1 沒必要被別人影響自己的情緒，甚至成績。

在學校被老師責罵甚至誤會，確實很影響心情，你會覺得生氣懊惱，可能是生老師的氣，也可能是生自己的氣。

誰不想當個備受老師誇讚、家長疼愛的孩子呢？誰不想考個好成績，功課全都做得對呢？

沒有做好，你本來就很難過、很自責了，還要被責罵，甚至還有可能你明明沒有做錯，老師卻不相信你、誤會你。遇到這些情況，你的心中肯定會產生不喜歡老師的念頭。

這時，不妨深呼吸，再環臂抱抱你自己，像安慰好朋友般，輕拍自己，然後告訴自己，不要因為別人而不開心，甚至影響學習，那樣沒必要。

要是你還是覺得很不開心，就在自己的房間裏，關上門，把你的生氣和委屈喊出來，或是找個軟墊，狠狠地捶它幾下。這樣既不會傷害你自己，也不會傷害到別人。

先讓你的情緒像河水一樣流淌出去，再回頭來看，老師還有沒有那麼討厭。

也許，當情緒發洩掉後，老師就不再討厭了。畢竟，你討厭的只是那些不愉快的經歷和感受，而不是與那些經歷和感受有關的老師。

　　如果有些人或事讓你難以釋懷，想起來就不開心，甚至還影響到你的生活或學習，那麼你不妨試試這個遊戲。

情緒投籃

① 找三個沒有蓋子的紙盒，前面分別寫上強、中、弱，放在離你 1 米遠的地方。

② 分別把白紙和色紙剪成數量相同的小紙條。

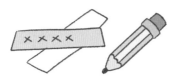

③ 把跟這件事或這個人相關的感受、記憶一一寫下來。消極的寫在白紙紙條上，積極的寫在色紙紙條上。每寫一張白紙紙條，也要寫一張色紙紙條。

④ 隨機抽一張紙條，把它揉成團，根據你的感受強度，投到對應的盒子裏。

小貼士　　完成一輪投籃後，你還可以把三個紙盒裏所有的紙團拿出來，再投一輪。如果有什麼新的想法或感受，你也可以隨時寫下來，繼續「投籃」。

遊戲結束之後，你的想法或感受有沒有什麼變化呢？如果有，請把它寫下來。

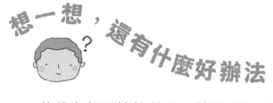

想一想，還有什麼好辦法

數學老師不等於數學，英語老師也不等於英語，怎樣做可以幫助你把人和事區分開？

如果你不喜歡某一個科目，嘗試列舉哪些是你的原因，哪些是別人的原因。

如果可以跟這門無辜被討厭的學科對話，你想對它說什麼？

問題不是只有一種解決方法，或許你還可以找到更多適合自己的好辦法，嘗試把它們寫下來。

真不想

去上學

真不想去上學

51

不想上學的學生，一定是壞學生嗎？這可不一定呢，絕大多數的孩子都有過不想上學的念頭。

你有過類似的念頭嗎？是不是也曾因為這個念頭而感到困擾？

1 你不想面對的不是學校，而是壞情緒。

請你仔細想想，不想上學的念頭是怎麼產生的：是因為在學校遇到了一些不開心的事，比如被老師批評或跟同學鬧了彆扭；還是感覺自己承受很大的壓力，比如擔心考試分數、上課沒有聽懂、功課不會做等，讓你感到很挫敗？

其實，你只是有那麼一瞬間不想去面對。阻擋你腳步的，不是學校或是學習本身，而是你的負面情緒：擔憂、焦慮、害怕、緊張、沮喪、厭惡……

在那一刻，它們像潮水一樣湧上來，淹沒了你，但等它們自然退去，你會重新獲得力量，有勇氣去面對眼前的狀況。

所以，有壞情緒並不可怕，你不需要為此感到自責、羞愧，因為每個人都會經歷。與其選擇逃跑、遠離，不如想辦法讓壞情緒自然地流淌出去。

② 遇到麻煩別硬挺，積極尋求幫助。

　　不過，如果你真的遇到了自己沒有辦法解決的麻煩，千萬不要自己硬挺，一定要及時向爸爸媽媽或是你信任的成年人尋求幫助。

　　任何時候，開口求助都不是弱小的表現，而是自我保護的有效手段。

③ 只要耐心去發掘，上學也能很有趣。

　　當然，也有可能你只是對每天去上學，有那麼一絲絲的倦怠，「不想上學」只是隨口說說而已。上學這件事，雖然沒讓你特別期待，但也不至於那麼討厭。

　　沒關係，那就慢慢來，把學校當成一座還沒有被你開採出來的礦山，雖然經常會挖到一些不怎麼好看的石頭，但只要你帶着一雙善於發現的眼睛去看待它，就一定會找到漂亮的寶石。

試試這麼做

如果突然冒起不想上學的念頭，那說明學校或學習帶給你的壓力有點太大了。你該找一找真正的壓力源在哪裏，還可以嘗試和布偶或其他你鍾愛的玩具一起「聊聊天」。

布偶對話

你今天上課說話讓老師看到了！

不可能。我躲在桌子底下說的，她怎麼可能看到！

① 找兩個你喜歡的布偶，或其他玩具，你可以自由選擇。

② 假裝兩個玩偶在對話，它們竊竊私語，在聊學校裏發生的事。

③ 像編故事一樣，你可以隨意編它們對話的內容。

小貼士

你也可以試試直接和你的布偶聊天，把你的煩惱、你的感受統統告訴它。然後，你再扮演它，給自己寫一封信。

試試替你的小布偶給自己寫一封信或畫一幅畫吧。

想一想，還有什麼好辦法

上學有哪些讓你覺得開心或期待的事？至少想三件，再微小的事情也可以記下來啊。

在學校裏，曾經有哪些時刻讓你覺得自己是個很不錯的孩子？

如果你是因為某件事或某個人不想去學校，你會怎麼向父母求助？

問題不是只有一種解決方法，或許你還可以找到更多適合自己的好辦法，嘗試把它們寫下來。

怎樣也

背不了課文

怎樣也背不了課文

別着急，慢慢來。

什麼破課文，我再也不要背了！

很想明天被老師抽查的時候，我能倒背如流。

我就是太笨了，怎麼都記不住。

我也不是總背不好，上次的古詩我就背得特別熟。

空山不見人，但聞人語響。

明明背古詩背得很流利，怎麼一到背課文就記不住？明明背公式背得很熟，怎麼一到計算就算不出答案？實在是太煩躁、太沮喪了。你是不是也有過這樣的時刻呢？

1 卸下包袱，效率必然提高。

偷偷告訴你，我小時候也曾經背課文背到哭起來呢！不過我有一個發現，好像每次哭過之後，記性都會變得更好，沒一會兒就背熟了。

後來我才知道，不是哭過之後記性會變好，而是當我帶着情緒去背課文的時候，效率往往是很低的，就好像是背着一個沉重的包袱在爬山，當然爬不動了。

當你哭過之後，情緒都釋放出去了，就等於是把沒用的包袱給卸下來了，整個人也變得輕鬆起來。再一次輕裝上陣，效率當然就提高了。

2 反覆記憶，克服大腦惰性。

其實，你邊背邊忘不是因為記性不好，而是因為這就是大腦的特性。

德國心理學家赫爾曼·艾賓浩斯（Hermann Ebbinghaus）研究發現，人們在背東西之後，馬上就會遺忘大部分的內容，但遺忘的進程是先快後慢的，所以，剛背完的知識忘得也快，但如果能及時複習、反覆記憶，後面就會記得越來越牢固。

　　背東西當然不好玩，你會覺得枯燥，甚至會覺得有點崩潰，但當你克服困難、順利度過這個階段，最終背熟的那一刻，你會獲得無比的喜悅。

3 三個關鍵，讓背誦事半功倍。

　　當然，你也可以學習一些好的記憶方法，這能讓你背東西事半功倍。要想讓背書的過程不那麼難熬，你可以試試把握這三個關鍵。

　　第一，你可以嘗試把背誦的過程趣味化，加入一些生動、有趣的元素，而不只是用眼看、用嘴念，例如你可以唱着背誦。

　　第二，你試把要記憶的東西串聯起來，先根據文字在腦海中想像那個畫面，帶着整體的畫面去背，而不是死記硬背一個一個的詞語和句子。

　　第三，你可以在早晨起牀和晚上睡覺前，用 15 至 30 分鐘來記憶新內容，這樣往往能收到更好的記憶效果。

　　試試看吧，我相信，只要堅持，你一定會收穫驚喜。

試試這麼做

如果你覺得自己在背書的時候心浮氣躁，沒辦法靜下心來，說明此刻你的「電量」已經告急了。你需要先釋放情緒，充一下電。

那就及時按下暫停鍵，先讓自己放鬆一下。所謂磨刀不誤砍柴工，以最好的狀態去學習，你才會事半功倍。

暴躁青蛙

我很暴躁，咕呱咕呱——

① 假裝自己是一隻暴躁的青蛙。

② 背着手蹲跳，嘴裏還可以大聲地喊：「我很暴躁，咕呱咕呱——」

小貼士

用身體帶動你的情緒表達，會更容易放鬆下來哦。

除了暴躁青蛙，你還可以玩傷心青蛙、失憶青蛙、無聊青蛙等，並説「我很難過，咕呱咕呱——」、「我很健忘，咕呱咕呱——」、「我很無聊，咕呱咕呱——」等。

當然，你也可以換一種動物來模仿，比如暴躁兔子，把手指豎在耳朵旁邊，學兔子蹦跳。

請你把玩這個遊戲前後的感受記錄下來，看「背誦」給你帶來的壓力值是多少。在下圖中用塗色的方式打分，0 是完全無壓力，10 是最強壓力。

玩之前：😃 ⓪ ① ② ③ ④ ⑤ ⑥ ⑦ ⑧ ⑨ ⑩ ☹

玩之後：😃 ⓪ ① ② ③ ④ ⑤ ⑥ ⑦ ⑧ ⑨ ⑩ ☹

想一想，還有什麼好辦法

你通常在什麼時候最容易心浮氣躁？

你煩躁的時候，做些什麼會幫助你平靜下來？

問題不是只有一種解決方法，或許你還可以找到更多適合自己的好辦法，嘗試把它們寫下來。

遇到難題
就頭痛

遇到難題就頭痛

不做了！

這都是什麼題目！一定是我着手的方式不對……

69

你是不是遇到難題就頭痛，甚至光是看到長長的題目就覺得心慌？這很正常，很多孩子都有這樣的感受。而且，不只是孩子，很多大人遇到難題也不一定能順利解出來。

① 放下恐懼，戳破難題的假象。

在學習中遇到難題，就好像走在路上，突然竄出來一隻猛虎，光是看着就覺得害怕，下意識地就在心裏說：「糟糕，我肯定跑不過牠！」，然後只能呆呆地待在原地，不敢再動彈了。

這個時候，猛虎還沒有撲過來抓住你呢，你就先被害怕打敗啦。

說不定，當你放下心裏的恐懼和擔憂，睜大眼睛仔細觀察，你就會發現，原來眼前站着的只不過是一隻「紙老虎」，一戳就破，根本沒什麼可怕的，你完全有能力戰勝它。

② 化解恐懼，把恐懼變成遊戲。

如果那隻害怕困難的怪獸，一直在你的心裏，它就會不斷吞噬你的勇氣和智慧，讓你見到它就只想躲。

怎麼辦呢？試試把它畫下來吧，沒有好壞對錯，就按照你的想法，先畫出它的輪廓，還可以用你喜歡的顏色給它上色，然後嘗試跟它對話，猜猜看它會怎麼回答你。你也可以扮演它來跟自己對話呢，是不是很好玩？這樣一來，你是不是就不怕它了？

3 化大為小，解決真正的難題。

當然，也有可能你遇到的是真正的難題，這個時候更需要我們動用大腦，認真思考，並且不斷嘗試，尋找能夠解決問題的辦法。

你也可以試著把難題拆解一下。例如，如果你覺得題目的文字太多，讀起來很難，那就把它拆成獨立的幾句話，一句一句去理解，你也可以請爸爸媽媽和你一起來做這個「化大為小」的拆解動作。慢慢地，你會發現：「哇，我竟然解決這道難題啦！」

相信這樣的喜悅，一定會讓你下一次再面對難題時更有信心。

遇到難題時，你是想迎接挑戰，還是害怕得想躲開？如果你馬上就想挑戰看看，不在意是否能成功，那我會給你加油打氣。如果你擔心自己做不到、做不好，沒關係，有這樣的感受太正常了。試試把你的心情畫下來吧，正視它們，然後，好好地擁抱它們。

心情蛋糕

① 拿一張白紙，在上面畫一個大大的圓形。

② 按照你的想法，用線條把圓形分成小塊，就像切蛋糕般。分多少塊，每塊多大，你自己決定。

③ 把你在遇到難題時產生的想法或念頭，分別填到每一塊「蛋糕」上，比如「我擔心做錯」、「我希望可以解出這道題」等……

④ 用不同的顏色筆代表不同的心情，當你產生「蛋糕塊」上的想法或念頭時會有什麼心情，就把它塗上相應的顏色。

小貼士 這個「蛋糕」可以是圓形的，也可以是方形的，還可以是心形的。你覺得它是什麼樣子的，就畫成什麼樣子。

當你遇到難題時，畫出你的心情蛋糕。

想一想，還有什麼好辦法

仔細想一想：你曾有哪些戰勝挑戰的經驗？

當時你是怎麼做到的？

這些成功的經驗對你有什麼啟發？

問題不是只有一種解決方法，或許你還可以找到更多適合自己的好辦法，嘗試把它們寫下來。

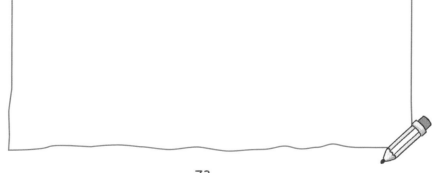

做題目總犯
同樣的錯

做題目總犯同樣的錯

四年級B班

這個類型的題目，已經教過很多遍了，可不能再錯了！

嗯嗯——嗯——

兩天後……

都說過多少
次了？
你怎麼總被
同一塊石頭
絆倒？

誰知道這
塊石頭這
麼硬。

你這是態度問題！

77

文樂，來，給我看看你這兩天做的功課。

怎麼錯這麼多？

文樂這孩子，什麼都好，就是學習太馬虎了……

79

做題時，你是不是總會犯同樣的錯誤，或是簡單的題目也會做錯？你是不是經常聽到身邊的大人說你太粗心了，還總是提醒你做功課時，答題別馬虎？

你會不會因此而陷入自我懷疑之中，覺得自己真的是個做事很馬虎的孩子？

1 所謂的「粗心」，有可能是知識點沒有掌握好。

其實，所謂的「粗心」，有可能是你還沒有真正掌握知識點，或是缺乏練習，還沒有達到一定的熟練度。

如果你也因為總是做錯題而自責、自我懷疑，甚至相信自己就是個粗心的孩子，那麼你需要給自己一個擁抱。就算總做錯題，你也是個好孩子，你只是缺乏練習，沒有穩固地掌握某個知識點，或者沒有掌握有效的學習方法而已。

你需要做的，是把反覆出錯的這個知識點真正弄清楚，就像啃一塊硬骨頭一樣，使勁地把它啃乾淨，然後，反覆練習，不斷鞏固。

80

② 做錯題未必是壞事，它能幫你學得更紮實。

總是做錯題，很容易給你帶來挫敗感，甚至會讓你看到有點難度的題目便擔心、害怕，想立刻繞道走。其實，會者不難，難者不會。你覺得它是難題，那是因為你還沒理解它，而不是因為你是個差勁的孩子。

不會做，沒關係，你可以去學、去練，直到真的學會。不要擔心會犯錯，誰沒有犯過錯呢？

而且，從某個角度來看，犯錯還是件好事呢！不犯錯，你怎麼知道自己哪裏學得還不夠紮實，以後該朝哪個地方繼續用功呢？

所以，犯錯也是學習必經的歷程。

試試這麼做

每天上學放學、做功課、考試，偶爾你也需要放慢速度、享受當下，給自己充充電，大腦的運轉才會更有效率。你可以找個周末，放下作業，放下所有的電子產品，到戶外去看雲朵吧。

走，看雲去

① 把野餐墊或戶外毯子鋪在草地上，舒舒服服地躺下。

② 帶着想像觀察雲朵的樣子和形態變化。

③ 把你看到的雲朵用筆畫下來。

小貼士

你可以邀請爸爸媽媽一起去看雲，你們可以並肩躺在一起仰望天空，還可以帶點喜歡的小零食。一邊看雲朵移動變幻，一邊野餐，簡直太愜意啦！

請你在下面畫出你所看到的雲朵，可以添加任何你想像的元素。你想怎麼畫，就怎麼畫。

想一想，還有什麼好辦法

每次發現做錯題目後，你都清楚自己錯在哪裏嗎？

你會寫出解題的每一個步驟嗎？

對於頻繁犯錯的題目，你還有哪些解決辦法？

問題不是只有一種解決方法，或許你還可以找到更多適合自己的好辦法，嘗試把它們寫下來。

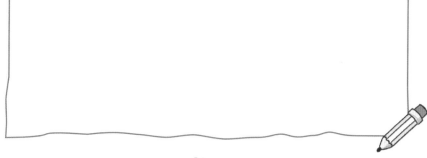

不懂
也不敢

問老師

不懂也不敢問老師

87

你遇過怎麼想也解答不出來的題目嗎？你有因為解不開題目而苦惱嗎？

其實，這不是什麼大麻煩，而是每個孩子學習成長中都要經歷的。

①　誰都有不懂的事情，不懂就要及時問。

其實，衡量好學生的標準，不單是你什麼都懂、什麼都會，再沒有什麼問題能夠難倒你，能做到「不懂就問」也很重要。

學問學問，當然是要邊學邊問呢。

不過，很多孩子在遇到不懂的問題時，往往想問又不敢問，最主要的原因是心裏有很多擔憂。有些孩子會擔心家長覺得自己問這樣的問題很笨，也會擔心被老師批評課上沒有專心聽講。

其實，絕大部分老師和家長都願意回答你的問題，並且很開心看見你的思考和勇氣；但如果真的發生了你所擔心的事，那錯的不是你，而是拒絕幫助你的人。

2 要先接受緊張，才能紓緩緊張。

　　有些孩子不敢問問題，是因為緊張情緒在干擾，比如，只要跟老師講話就會覺得很緊張，甚至一想到要去問老師問題，就覺得壓力很大。

　　你也有類似的緊張和害怕嗎？如果有，並且這種情緒還很強烈，沒關係，你只是需要一點時間和一些技巧，來幫助自己放鬆下來。

　　有一點很重要，你不要試圖去跟你的緊張對抗。每個人都會緊張，雖然這樣的體驗不怎麼舒服，但它本身沒有好或是不好的區分。

　　既然你感受到了緊張，那就接受自己的緊張，然後，嘗試抖抖胳膊、抖抖腿，再找個沒人的地方大喊幾聲：「嘿——嘿——哈——哈——」

　　偷偷告訴你，這也是我用來紓緩緊張的辦法之一呢。

當你心情沮喪、不知所措或倍感緊張時，深呼吸是最好的調節情緒方法。

盒式呼吸

① 慢慢用鼻子吸氣，同時在心裏默數四秒。然後屏住呼吸，再默數四秒。

② 緊接着，慢慢用嘴呼氣，邊呼氣邊在心裏數四秒。然後再次屏住呼吸，默數四秒。

③ 重複以上呼吸過程二到四次，也可以想練習多少次，就練習多少次。

小貼士　如果家裏有泡泡液，也可以用吹泡泡的方式來進行呼吸練習。能吹出多少泡泡、泡泡的大小都不重要，能夠找到紓緩的呼吸節奏就好。你還可以快速戳破吹出來的泡泡，這樣更好玩。

請你把做這個呼吸練習前後的感受記錄下來，在下圖中用塗色的方式打分，0 表示情緒強度值最低，10 表示情緒強度值最高。

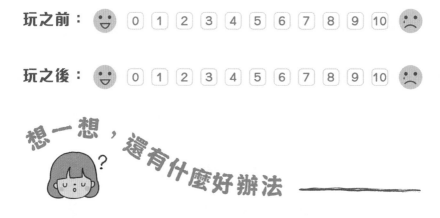

玩之前： 😊 ⓪ ① ② ③ ④ ⑤ ⑥ ⑦ ⑧ ⑨ ⑩ ☹️

玩之後： 😊 ⓪ ① ② ③ ④ ⑤ ⑥ ⑦ ⑧ ⑨ ⑩ ☹️

想一想，還有什麼好辦法

如果你向老師提問會很緊張，那在什麼情況下，你跟老師說話沒那麼緊張呢？

你能辨別出是哪些念頭或想法讓你感到緊張、擔憂嗎？

你覺得這些念頭或想法，有哪些合理的地方，又有哪些不合理的地方？

問題不是只有一種解決方法，或許你還可以找到更多適合自己的好辦法，嘗試把它們寫下來。

學習

很無聊

學習很無聊

就是覺得學習很無聊，實在不想看書……

什麼無聊？肯定是你遇到什麼題目不會做，受打擊了……

你說的是你自己吧？

嘿嘿！

隨你怎麼說吧，反正我就是覺得無聊，上課無聊，複習無聊，做功課也無聊……

今天上課時，我無聊得都快要睡着了。

我想認真地聽課，不想被老師批評。

唉，學習一點兒也不好玩。

不過每次考試，如果成績不錯的話，還是很開心的。

做功課也不好玩。

我可以抓緊時間做完，然後就能去做自己想做的事情啦。

嗯，我想畫畫，想給上次沒畫完的那個小女孩再設計一條漂亮的裙子。

還要寫一本手帳，上次看小美的手帳好漂亮啊。

還想跟朋友們一起在外面玩老鷹捉小雞。

一想到可以做我自己想做的事，就不會覺得無聊啦。

怎麼變臉比翻書還快！

你有無聊的時候嗎？你是不是做某些事情時提不起興趣，覺得很沉悶、沒意思，並且會忍不住抱怨「好無聊啊」、「真的真的好無聊」？

1 先了解無聊的原因。

如果你經常感覺到無聊，那你有沒有留意過，自己通常在什麼樣的情境下會有這樣的感受？

有些人會對千篇一律的事情感到無聊，例如，當你的功課是幾十遍、上百遍地抄寫同一個詞語時。有些人在做缺乏目標的事情時會覺得無聊，因為不知道為什麼要這麼做；還有些人是因為不能做自己想做的事，卻被迫要去做自己不想做的事……

你的無聊又是哪一種呢？

2 陪無聊待一會兒，無聊自己就會走。

其實，每個人都有無聊的時候，小孩子有，大人也會有。偶爾無聊來找你，你完全可以好好跟它打聲招呼，然後靜靜地陪它待一會兒，它自己就會走掉。

但遺憾的是，幾乎沒有人喜歡無聊，所以，在感到無聊時，大部分人都想找點事情來填滿時間，於是，不停地看電視、玩手機……

這樣很容易陷入惡性循環：越做無意義的事情，越無聊；越無聊，越會不停去做無意義的事。

打破無聊的真正有效方法是，先允許自己無聊一會兒，或許下一秒，就會有很多有趣的點子冒出來了。

③ 簡單三步，讓學習不再無聊。

如果你像文心一樣，對學習感到無聊，那該怎麼辦呢？

第一，你可以找到一些能讓學習這件事變得更有趣的方法或元素，例如，用遊戲的方式背單詞。

第二，找到你一定要認真學習的三個理由，一定要是你認同的理由啊。

第三，如果你需要做一些自己不想做，但又不得不做的事情，記得給自己安排一點兒獎賞。例如，你不想做功課，但你可以告訴自己，如果快點完成功課，你就可以有時間做自己想做的事情啦。

當然，如果你只是偶爾無聊一下，也挺好，沒什麼大不了的。

試試這麼做

周一到周五，每天要在學校待將近八小時，放學後還有課外活動和功課。儘管這樣規律的生活有很多好處，但也在無形中減少了你跟大自然親近的時間。讓自己多參與一些走出房間的活動吧，親近自然能幫你有效調節心境、改善睡眠，是很好的休閒和放鬆。玩起來，就不無聊了。

夢想成真

① 選擇一個你喜歡又方便的室外場所，比如公園或社區的院子。

② 用紙和顏色筆畫出你在這個環境裏看到的事物。畫得好不好不重要，用你喜歡的方式來畫就可以。

③ 接着，你可以在這幅畫裏，加入三樣你希望出現在現實世界中的事物，比如糖果屋、秘密寶箱……

小貼士　　如果可以準備一張更大的紙，你還可以試試畫一個更大的場景。

請把你希望在現實世界中出現的事物，畫在空白處。

想一想，還有什麼好辦法

你通常在什麼樣的情境下會感到無聊？

你覺得無聊時，都會做些什麼？

這些應對無聊的做法，哪些有效？哪些無效？

問題不是只有一種解決方法，或許你還可以找到更多適合自己的好辦法，嘗試把它們寫下來。

給小學生的漫畫心理學
原來學習並不難

作　　者：簡簡周
繪　　圖：機機先生
責任編輯：黃偲雅
美術設計：劉麗萍
出　　版：新雅文化事業有限公司
　　　　　香港英皇道499號北角工業大廈18樓
　　　　　電話：(852) 2138 7998
　　　　　傳真：(852) 2597 4003
　　　　　網址：http://www.sunya.com.hk
　　　　　電郵：marketing@sunya.com.hk
發　　行：香港聯合書刊物流有限公司
　　　　　香港荃灣德士古道220-248號荃灣工業中心16樓
　　　　　電話：(852) 2150 2100
　　　　　傳真：(852) 2407 3062
　　　　　電郵：info@suplogistics.com.hk
印　　刷：中華商務彩色印刷有限公司
　　　　　香港新界大埔汀麗路36號
版　　次：二〇二四年一月初版
　　　　　二〇二四年九月第二次印刷

ISBN: 978-962-08-8294-4
Traditional Chinese Edition © 2024 Sun Ya Publications (HK) Ltd.
18/F, North Point Industrial Building, 499 King's Road, Hong Kong
Published in Hong Kong SAR, China
Printed in China